Lk 1185.

SUR LES

EMBELLISSEMENTS

DE BORDEAUX

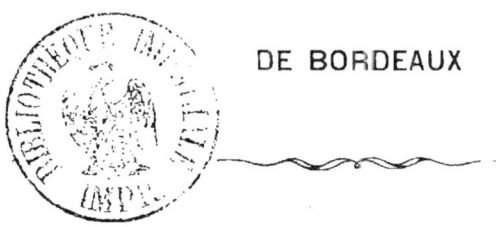

PAVAGE.

Il nous est pénible de l'avouer, mais dans notre ville comme dans bien d'autres, la surface sur laquelle nous circulons est encore à l'état barbare, ou très-peu s'en faut : tandis que l'industrie entasse merveille sur merveille pour donner à l'homme la satisfaction de tous ses besoins, l'accomplissement de ses plaisirs les plus raffinés ; alors que la nature nous livre ses secrets avec une complaisance qui révèle une faiblesse non équivoque pour notre siècle turbulent, l'une des nécessités les plus absolues de notre constitution, la marche, nous expose à une fatigue et souvent à des souffrances auxquelles nous ne nous sommes pas encore avisés de chercher un remède.

Le mode de pavage employé de nos jours est

assurément la plus éclatante et la plus déplaisante exception à la règle générale du progrès. Comment cette exception s'est-elle perpétuée jusqu'à nos jours? comment a-t-elle défié aussi longtemps et aussi effrontément l'homme qui la subissait? C'est ce que nous ne saurions expliquer d'une manière sensée; nous ne l'essaierons pas; mais on nous permettra de protester en notre nom et au nom de tous ceux que nous avons entendu se répandre en plaintes stériles contre ce système inhumain.

Ce n'est pas cependant que le pavé n'ait reçu depuis quelques années d'assez rudes atteintes. La ville de Paris, un grand nombre de villes du nord et de l'étranger, et plus spécialement celle de Lyon, ont tenté, pour échapper à cette tyrannie de la routine, des expériences dont les dernières ont été couronnées d'un succès mortel pour le pavé. Ces expériences, qui depuis longtemps déjà sont devenues dans les villes que nous venons de citer l'état normal, sont trop concluantes pour que nous ne croyions pas devoir les soumettre au public, qui marche, et qui en appréciera, nous n'en doutons pas, toute l'importance.

A Paris, deux systèmes ont remplacé le pavage : le macadam et l'asphalte comprimé pour les chaussées, le mastic d'asphalte bitumé, et dans quelques circonstances le dallage en pierre pour les trottoirs.

Les trottoirs sont un des éléments de l'existence du Parisien, être essentiellement marcheur : c'est donc à Paris que devait se perfectionner la surface sur laquelle l'homme se meut. Les premiers essais de suppression du pavé ont été suivis de l'installation d'un dallage en pierre;

c'était évidemment un progrès, mais ce n'était et ne pouvait être qu'un progrès de transition ; trop d'inconvénients s'attachent à ce système, moins barbare mais plus antique d'origine que le pavé lui-même. Les dalles, si dures qu'elles fussent, s'usaient toujours sur certains points ; une dépression s'en suivait, qui par la pluie devenait un réservoir sous le pied du passant ; puis, si les pierres n'étaient pas parfaitement jointes ou suffisamment soutenues par leur assiette, un mouvement se produisait, détruisait l'horizontalité et créait de nouveaux lacs par le mauvais temps. Enfin, la dalle était dispendieuse. Si dure qu'elle fût, il fallait la retailler aussitôt que la plus légère concavité se manifestait, sous peine d'y voir séjourner l'eau. La dalle disparut des boulevards et des grandes voies de communication, puis de presque toutes les rues, pour faire place à l'asphalte.

Pour les chaussées, la solution fut plus laborieuse; à la suite d'une insurrection, le pavé fut brusquement supprimé sur les boulevards et remplacé par le macadam. Les causes qui avaient amené la disgrâce du pavé étaient telles, qu'on n'avait pu prendre le temps d'étudier un mode raisonné de chaussée à lui substituer ; le macadam se trouvait là tout prêt : on l'adopta, parce qu'on était pressé et qu'il fallait marcher sur quelque chose.

Tout le monde a vu les boulevards de Paris pendant la pluie et pendant le beau temps, et chacun sait que la chaussée n'y est guère praticable que lorsqu'il ne fait ni beau ni mauvais. Il n'est personne cependant qui ne la préfère, en quelque saison que ce soit, aux cahottements du pavé.

Les choses en étaient à ce point, lorsqu'une nouvelle combinaison de l'asphalte permit de le substituer au macadam. Un essai fut fait rue Bergère, et peu de personnes sont sans avoir remarqué le plaisir qu'on éprouve à quitter le pavé brutal du faubourg Poissonnière pour aller rejoindre celui du faubourg Montmartre; la chaussée de la rue Bergère est telle aujourd'hui que le jour où elle a été construite.

Cet essai, consacré par plusieurs années d'expérience, a paru si concluant aux ingénieurs de la ville de Paris, que la place du Palais-Royal, la plus fatiguée de toutes, vient d'être désignée pour être pavée en asphalte.

Mais Paris devait être dépassé cette fois par une ville de province, Lyon. Qui ne connaît ce qu'était il y a cinq ans le pavé de Lyon! Lyon a brusquement rompu avec le passé; son pavé proverbial a presque partout disparu; toutes les voies nouvelles sont bordées de trottoirs en asphalte, et dans un grand nombre d'entre elles la chaussée est également en asphalte. A notre dernier passage à Lyon, on se disposait à reconstruire dans le nouveau système de chaussée toutes les rues qui avoisinent l'Hôtel-de-Ville.

Rouen, Rennes, Lille, Genève, Turin, Alger même et bien d'autres sont entrées dans cette voie d'humanité; Toulouse s'y prépare. Bordeaux reste encore immobile.

A quoi faut-il attribuer cette impassibilité? Notre municipalité attend-elle que la question soit soulevée? Nous la soulevons, et nous la proclamons digne de l'intérêt le plus élevé, de la discussion la plus sérieuse; nous en avons fait, avant de l'agiter, une étude approfondie, et les conclusions que nous posons sont basées sur des faits que tout le monde peut vérifier et sur des théories qui ne sont ignorées de personne.

Les trottoirs et les chaussées d'une ville doivent satisfaire aux conditions suivantes :

Coûter le moins cher possible d'établissement et d'entretien ;

Offrir à la marche ou à la circulation des voitures une surface douce et unie ;

Être exemptes de poussière en été et de boue en hiver.

Nous abandonnons pour l'instant la question des chaussées, dont la discussion est plus subtile; nous y reviendrons dans un prochain article. — Parlons des trottoirs.

Les trottoirs de Bordeaux sont formés de petits pavés de huit centimètres de côté posés sur mortier. Il est certain que dans plusieurs rues, sur l'Intendance, sur la place de la Comédie, par exemple, on a fait de louables efforts pour diminuer les inconvénients inséparables du système, mais on n'a guère réussi qu'à en rendre l'établissement plus dispendieux. Au lieu de donner au pavé l'antique forme convexe qui offrait au moins en temps de pluie aux pieds des passants des points saillants hors de l'eau, on l'a fait plat et on a ajouté à ses vices naturels tous les désagréments que nous avons reprochés au dallage. Le pavé, quelque soin qu'on prenne dans sa pose, n'est jamais complétement solidaire de son voisin, et chaque joint est une cause constante de dénivellation, un réceptacle de poussière ou de boue, un vase où s'accumulent les eaux pluviales. Tout le monde a pu remarquer, pendant les fortes averses, la rapidité avec laquelle les trottoirs de l'Intendance ou de Tourny, les plus soignés et les plus surveillés, se transforment en lacs où quelques pavés, perçant la nappe d'eau, offrent un rare refuge aux piétons ; par les grandes chaleurs, il n'est aucun de nous qui n'ait maudi cette inégalité de la surface et qui n'ait trouvé, dans les aspérités incommodes au pied, un désagréable tempérament au plaisir de sa promenade.

Il existe cependant à Bordeaux deux échantillons de trottoirs en asphalte : l'un occupe l'espace très-restreint qui longe le côté Sud du théâtre, l'autre est situé sur le pont. Nous n'irons pas chercher ailleurs des arguments pour la thèse que nous soutenons. Le trottoir du théâtre, posé depuis onze ans, c'est-à-dire à une époque où l'art de préparer et d'appliquer l'asphalte en était encore à ses tâtonnements, n'a pas été réparé une seule fois, et rien ne fait présager qu'il doive l'être avant longtemps.

Les reproches que nous avons entendu faire à l'asphalte sont :

De nécessiter de fréquentes réparations;

D'exiger un renouvellement *tous les quinze ans ;*

De se ramollir par les chaleurs, au point de conserver l'empreinte du pied.

Ces griefs sont exactement ceux que l'on produisait il y a vingt ans, alors que l'asphalte, nouveau-né de l'industrie, essayait ses premiers pas. Ils tombent aujourd'hui devant l'expérience de Paris, de Lyon et de toutes les villes qui en ont fait un emploi sérieux et raisonné.

C'est une erreur de penser que l'asphalte exige une plus fréquente réparation que le pavé Sans parler de celui du théâtre de Bordeaux, des trottoirs posés à Lyon depuis seize ans n'ont jamais été réparés. Les travaux faits à Paris sur des points où la circulation est décuple de celle des rues les plus fréquentées de Bordeaux, sont, après huit ans, aussi intactes que le jour de leur exécution.

Nous ne savons où l'on a découvert ce chiffre de quinze années auquel on limite la durée des trottoirs en asphalte ; s'il n'est pas purement arbitraire, il a dû être recueilli sur des travaux contrefaits ou mal exécutés. Une telle assertion ne résisterait pas à l'examen ; les faits sont là pour répondre.

On reproche enfin à l'asphalte de se ramollir par les grandes chaleurs. Le reproche serait parfaitement fondé s'il fallait en croire les premiers essais ; mais on en comprendra facilement la cause quand on saura que la composition de la matière employée doit varier avec les températures moyennes qu'elle a à subir. Une préparation spéciale doit être faite pour les applications aux différentes latitudes. Cette distinction, inobservée dans le principe, a donné lieu à l'inconvénient très-réel que l'on a signalé ; aujourd'hui, un emploi plus méthodique a permis de le faire entièrement disparaître. Le mastic appliqué dans les pays froids résiste à la gelée et à l'humidité ; il se contracte sans se fendre, il est *gras*; celui destiné aux villes du Midi est fabriqué de manière à défier ses températures les plus exceptionnelles; la proportion de bitume y est réduite pour prévenir le ramollissement, il est *sec*.

La dernière comparaison de l'asphalte et du pavé, la plus intéressante au point de vue du budget, est encore tout entière en faveur de l'asphalte.

Les trottoirs en pavé se paient à Bordeaux 7 fr. 30 c. le mètre carré.

Les trottoirs en asphalte coûtent à Paris 4 fr. le mètre carré.

La lutte est tellement inégale entre les deux systèmes, qu'il est impossible de s'expliquer la faveur opiniâtre dont jouit encore le pavé dans un petit nombre de villes. Peut-être la doit-il à son ancienneté, peut-être à l'habitude que tout le monde en a, peut-être enfin à une cause dont nous allons dire quelques mots en terminant cet article.

On sait que l'asphalte est une roche calcaire imprégnée, à la suite d'un des grands cataclismes géologiques, d'une substance bitumineuse analogue à l'huile de naphte, et qui possède la propriété de se transformer par la cuisson et par une légère addition de goudron minéral, en un ciment d'une énergie extraordinaire. Nous n'apprendrons à aucun de ceux qui nous lisent le rôle qu'il a joué dans les constructions égyptiennes, babyloniennes et romaines.

La roche asphaltique s'exploite sur quelques points très-clair-semés en Europe, et dont les principaux sont : Seyssel, en France ; Annecy, en Savoie ; et Travers, en Suisse. La nature, dans sa capricieuse bienfaisance, a jeté au fond de ravins ignorés ces richesses qu'elle nous a si longtemps cachées ; la découverte de l'asphalte en Europe date à peine d'un siècle.

La rareté du produit et ses précieuses propriétés n'ont pas tardé à éveiller les spéculations parasites : dès son apparition dans le monde industriel, il eut les honneurs de la contre-façon.

L'opération était simple : l'asphalte est un composé naturel de calcaire et de goudron. On créa une matière artificielle formée d'un mélange de carbonate ou de sulfate de chaux et des goudrons impurs et infects qui forment les résidus des usines à gaz. On répandit dans le commerce ce produit, qui fut bientôt connu sous le nom d'*asphalte factice*. Les formes et la couleur de l'asphalte naturel furent si bien imités, que la fraude eut un plein succès, et ce n'est qu'après avoir envahi, à la faveur de son bas prix, une partie des travaux de pavage exécutés en France, que la falsification fut découverte.

L'asphalte naturel fut victime de la réaction qui s'opéra contre l'asphalte factice; beaucoup de villes qui s'étaient empressées d'adopter le nouveau produit sans en avoir pu vérifier l'identité y furent prises, et dès-lors le mot *asphalte* devint pour elles un titre à la proscription. Parmi les victimes de cette confusion, nous citerons notre voisine, la ville de Libourne. La mésaventure de ses trottoirs n'a pas d'autre cause.

On se fera une idée de l'appât que devait présenter l'asphalte factice aux municipalités, plus familières avec les opérations de finance qu'avec les questions industrielles, quand on saura que là où les trottoirs en asphalte naturel coûtent 4 fr. le mètre carré, ceux en asphalte factice s'établissent à 2 fr. 75. Les plus sérieux devaient céder au prestige de ce chiffre.

Depuis quelque temps cependant l'asphalte naturel, mieux étudié dans sa nature et dans son usage, a pu surmonter l'antipathie que lui a créée sa contrefaçon; les villes qui en ont adopté l'emploi exclusif ont pris des mesures efficaces pour se mettre à l'abri des falsifications. La ville de Lyon, celle dont nous avons le plus spécialement étudié le pavage, est parvenue à s'en préserver d'une manière complète, et les résultats qu'elle a obtenus sont tels, que nous avons cru devoir faire profiter notre ville des observations qu'il nous a été permis d'y faire.

A Lyon, l'installation des trottoirs en asphalte naturel est décidée en principe pour toutes les rues : le pavé ne sera plus renouvelé. L'asphalte factice y est sévèrement prohibé, et toutes les matières employées doivent provenir des mines de Pyrimont-Seyssel. L'administration se réserve le droit de vérifier en tout temps et par tous les moyens qu'elle jugera nécessaires la qualité et l'origine de l'asphalte employé; les pains de mastic portent l'estampille de l'usine qui les expédie; ils sont transportés à pied d'œuvre chaque matin, et ce qui n'a pas été appliqué dans la journée est enlevé chaque soir. Des chaudières posées sur charriots et combinées de manière à brûler leur fumée ont remplacé ces appareils hideux et encombrants qui ont si longtemps empesté les boulevards de Paris. On est étonné de voir avec quelle rapidité, quel silence, quelle propreté, quelle absence totale d'odeur se font aujourd'hui les trottoirs de Lyon. Après cinq heures du soir, les chaudières, outils, engins de toute sorte sont enlevés, la place est nettoyée et rendue à la circulation. On ne regrette pas le temps où la moindre réparation créait au milieu des voies publiques ces amas de pavés qui devenaient le soir, malgré leur lanterne illusoire, de dangereux précipices.

Les trottoirs de Lyon sont établis sur une couche de béton de 50 millimètres; l'épaisseur d'asphalte est de 15 à 20 milimètres, suivant la circulation probable.

Les ingénieurs de la ville, convaincus de l'excellence du système qu'ils ont adopté, prennent les précautions les plus minutieuses pour en assurer la bonne exécution. Ces précautions sont non-seulement avantageuses pour la ville dont elles défendent les intérêts contre l'invasion des produits falsifiés, mais elles sont encore un puissant auxilliaire de l'asphalte naturel, qu'elles mettent en état de montrer ce qu'il vaut.

Notre conclusion est celle-ci :

Le trottoir en pavé est un système coûteux, incommode aux piétons, disgracieux à l'œil, abandonné dans toutes les villes qui se sont sérieusement occupées de la restauration de leur voirie.

Le trottoir en asphalte est économique, commode à la marche, d'une durée très-longue quand il est bien fait, d'un aspect agréable, d'une pose rapide et d'un entretien facile, à la seule condition qu'il soit établi par des ouvriers spéciaux et qu'il soit préservé de toute matière factice ; enfin, son adoption est aujourd'hui presque générale dans les grandes villes.—Nous nous refusons à croire que Bordeaux veuille faire exception.

Nous pensons qu'il y a lieu de mettre sans tarder la question à l'étude, et s'il est entré réellement dans l'esprit de nos ingénieurs-voyers des doutes sur la valeur de l'asphalte, nous ne pouvons que les engager à visiter, comme nous l'avons fait, les travaux intéressants qui s'exécutent à Lyon en ce moment : nous sommes certain qu'ils ne voudront pas laisser dire qu'on marche mieux à Lyon qu'à Bordeaux.   L. M.

Ingénieur civil.

(Extrait de la *Gironde* du 5 septembre 1858.)

Bordeaux. — Imp. G. GOUNOUILHOU, pl. Puy-Paulin, 1.

www.ingramcontent.com/pod-product-compliance
Lightning Source LLC
Chambersburg PA
CBHW071437060426
42450CB00009BA/2218